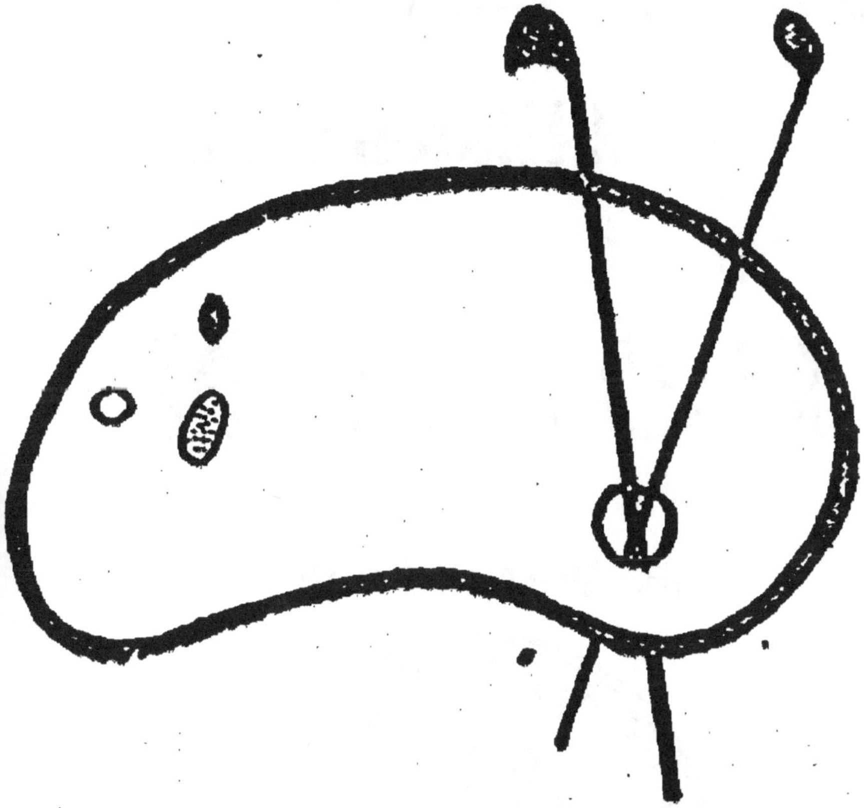

Publications sur le VERMANDOIS N° 1

Nouvelles Études d'Histoire Locale sur BOHAIN (AISNE)

par ADALBERT CERF

Marque des brochures de la Collection CERF

SAINT-QUENTIN
IMPRIMERIE MODERNE ST-QUENTINOISE
75, Rue d'Isle, 75
1913

Pour paraître ultérieurement :

Nº 2. **Sièges de la ville et du château de Bohain** et choses mémorables advenues en tout temps dans les villages circonvoisins.

Nº 3. **Un coin du Vermandois pendant la Révolution :** on y trouvera en détail ce qui s'est passé à Bohain et aux environs pendant cette période si agitée, d'après les archives départementales. On aura une idée exacte de la vie de nos ancêtres à cette époque mouvementée. Ecrite dans un style clair et précis avec le sentiment d'une juste impartialité, cette étude est le tableau le plus complet des fastes de la ville de Bohain et constituera un véritable petit monument élevé à sa gloire.

Nº 4. **Le siège de La Fère** (traduction allemande).

M. Cerf, *recherche toujours les instruments préhistoriques : hâches taillées, polies, grattoir ; il est toujours amateur de documents historiques sur les communes du département pendant la Révolution ; il a à vendre une collection de monnaies romaines et « Le mobilier funéraire gallo-romain et Franc, en Picardie et en Artois » par* Boulanger.

Adresse : **M. CERF, préposé principal à Flavy-le-Martel (Aisne)**

Publications sur le VERMANDOIS N° 1

Nouvelles Études d'Histoire Locale sur BOHAIN (AISNE)

par ADALBERT CERF

Marque des brochures de la Collection CERF

SAINT-QUENTIN
IMPRIMERIE MODERNE ST-QUENTINOISE
75, Rue d'Isle, 75
1913

Nouvelles Études

d'Histoire Locale

sur

BOHAIN

(AISNE)

par

Adalbert CERF

TIRAGE : 400 EXEMPLAIRES

Saint-Quentin
Imprimerie Moderne St-Quentinoise
75, Rue d'Isle, 75
1913

A mes Amis et aux Habitants de la ville de Bohain, pour la prospérité de leur cité.

LA PETITE VILLE, MŒURS INSTITUTIONS ÉTAT POLITIQUE & SOCIAL

Bohain est situé dans une plaine du Vermandois largement ondulée, où ces ondulations sont sensibles et régulières, sur un terrain à forme de cuvette et boisé au nord, formant la séparation des bassins de l'Escaut et la Sambre, de la Somme et de l'Oise. Bien que beaucoup d'étrangers soient venus se mêler à la population, les Picards dominent ; il y eut des Belges venus défricher la forêt qui ont fait souche ; on retrouve aussi le type espagnol, reste de l'occupation des Pays-Bas. A la révocation de l'édit de Nantes, des habitants ont émigré en Allemagne à Friedrichsdorf. Plus récemment des ouvriers sont partis à Barmen pour la sucrerie, d'autres à Barcelone pour le tissage.

Bohain, doit son existence à son château-fort, qui fut assiégé environ quinze fois, c'était un boulevard de la patrie que défendirent en 1557 les meilleurs soldats envoyés de Saint-Quentin. En 1576 on disait déjà la ville. Les historiens célèbrent à l'envi la grandeur la force et la magnificence de son second château dont on voyait encore les ruines au milieu du XVIe siècle.

Cité de fabriques, Bohain n'a pas de ruines vénérables ; mais La Trémoille en 1523 et Turenne en 1637 la reprirent glorieusement à l'ennemi et l'ont rendue célèbre dans l'histoire. Le château avec ses tours était comme perdu dans la forêt, défrichée en majeure partie depuis 1836 pour faire place à de riches cultures de betteraves et de céréales.

La porte Saint-Antoine, seul monument curieux, fut démolie en 1850, elle gênait parait-il.

Victor Hugo en apprenant la disparition de ce témoin des destinées de la vieille cité, n'eût pas manqué d'écrire le mot « vandalisme », comme il le fit lorsqu'il apprit la démolition de la tour Louis d'Outremer à Laon.

Grâce aux campagnes généreuses et désintéressées menées par les artistes, on protège aujourd'hui les monuments que l'on détruisait naguère, et l'on admet aussi, à côté et souvent au-dessus de toute autre, l'utilité publique de la beauté.

C'est au développement industriel ainsi qu'à l'application de la vapeur et aux voies de communications qu'est due la prospérité de la ville. Le tissage prit un essor inouï, lorsque le chemin de fer de Paris à Saint-Quentin fut inauguré en 1853, et le tissage et ses industries tributaires occupent un nombre considérable d'ouvriers ; si l'on compte ceux des environs travaillant pour Bohain on peut en évaluer le nombre à 10.000.

A la Révolution, la ville avait 530 feux, environ 2.000 habitants ; la première manufacture date de 1825 ; depuis, le nombre s'en est accrû, on en compte une vingtaine et d'importantes, à cause de la facilité et de l'abondance de la main-d'œuvre ; l'ouvrier tisseur étant très habile. D'autres industries sont encore venues augmenter la ville : une sucrerie occupant 120 ouvriers en activité, des entrepreneurs de constructions et briqueteries, deux ateliers importants de constructions mécaniques, une usine à gaz, un moulin à vapeur, quatre brasseries, une scierie, une usine à caoutchouc, un four à chaux, etc., la culture intensive et le commerce représenté dans toutes ses branches.

On ne voit que des cheminées d'usines et on n'entend que cris de sifflets durant le jour.

En 1800, il y avait 2.852 habitants, la population est devenue deux fois et demie plus forte, ce centre est surtout intéressant par ses fabriques et par l'activité de sa population qui a su créer en un endroit si mal placé en apparence, à cause du manque de cours d'eau pour la grande industrie, un des groupes d'usines les plus considérables du département.

La ville occupe maintenant le huitième rang pour sa population dans le département (6.810 habitants en 1911, il y a eu 7.423 habitants en 1896) elle occupait alors le sixième rang.

Ils sont disparus les anciens moulins à vent avec leur gai tic-tac, remplacé par celui des Jacquards répandus à profusion en ville et aux alentours. Le moulin de la route de Fresnoy, qui seul a subsisté, semble une sentinelle avancée veillant sur la route de Paris.

Le défrichement de la forêt en amenant un nouvel élément dans la population a permis de créer de nombreuses routes.

Quel imposant paysage que cette immense forêt éclatante de verdure qui s'étend au Nord et à l'Est ; depuis des années le soleil se lève toujours au-dessus ; du côté d'Etaves, de Seboncourt et Grougis tout est riant de verdures ; ce sont de gais villages entourés de haies, de vergers, de peupliers et de prairies, qu'on devine plutôt qu'on ne les aperçoit par leurs clochers et les toits d'ardoises et de tuiles enfouis dans les grands arbres.

Dans les champs presque pas d'arbres ; ils gêneraient la culture, quelquefois un moulin à vent, comme ceux de Bohain, Brancourt, Fresnoy et Prémont, que le souffle de la dévaslation a oubliés ; mais à l'horizon, des massifs de verdure se succèdent et toujours la note verte domine.

Depuis 33 ans, seul le profil de la tour de l'Hôtel de Ville apparaissait de tous côtés, mais maintenant c'est la flèche aigue du clocher de l'église qui vient aussi attirer sur elle les regards du voyageur.

Que les abords de la ville sont ravissants en été, partout des jardins bordés de haies vives, d'où émergent des arbres à fruits, ou encore des champs ouverts cultivés par des familles d'ouvriers, donnent à la ville un air agreste et poétique. Combien agréables les sentiers ombragés du Roi et du Chêne brûlé autour des ruines du château, lorsque par une chaleur étouffante on va à cet arbre trois fois séculaire boire à longs traits « l'air pur des champs ! »

Il convient de louer les beaux paysages bohainois : la noblesse gracieuse de leurs lignes, leur douceur un peu voilée de la brume, mais si délicate ne me laissèrent pas indifférent et ont apaisé souvent en moi la nostalgie du vieux Soissonnais.

A la promenade du bois des Berceaux, j'ai oublié souvent les fatigues de la vie, assis sur le banc où le retraité vient réchauffer ses rhumatismes et là dans ce calme paysage où l'on ne rencontre que trop peu de promeneurs, j'ai été bien souvent rappelé à la réalité de la vie par les sirènes des fabriques de tissus qui annonçaient l'heure du déjeuner ou du dîner ; ou bien, c'était l'appel strident et réitéré de la locomotive d'un express avec son long panache de vapeur au passage à niveau de la route de Prémont.

L'ouvrier est justement fier de ces grands et nombreux ateliers de tissage ou bourdonne la vie ; les ouvriers et ouvrières, presque tous jeunes, sont avides de se perfectionner, on voit arriver les uns contremaîtres, d'autres directeurs.

On travaille beaucoup à Bohain, aussi on y aime les plaisirs ; le dimanche, en été, on se rend aux fêtes des villages de tous les environs, la ville se vide ; on se promène avec facilité, un admirable réseau de chemin de fer dessert presque tous les alentours, Bohain est devenu tête de ligne. Seuls deux importants villages Prémont et Serain situés sur de fortes ondulations au Nord-Ouest où il n'a pas été possible de faire passer le tortillard, sont encore desservis par le lourd omnibus jaune à deux chevaux.

La Compagnie de sapeurs-pompiers composée de cinquante unités sous les ordres d'un capitaine compte des hommes capables et dévoués ayant fait leurs preuves dans les incendies, on les remarque dans leur belle tenue au 14 juillet et autres sorties, ils font l'ornement de la ville à défaut de garnison. Les jeunes eux, font partie de l'harmonie qui remporte chaque année les premiers prix dans les concours, du jeu de paume, de l'alerte société de gymnastique ou des trompettes guerrières ; le noble jeu d'arc et d'arbalète exigent déjà des hommes faits. La ville a fourni ses artistes : peintres et musiciens.

Il faut voir toutes ces sociétés à l'ouverture du bois des berceaux le premier dimanche de mai ou au 14 Juillet et combien le public s'intéresse à leurs jeux !

Le soir on se plaît à causer en groupes sur la place qui est accueillante, éclairée par la lumière des nombreuses devantures de magasins. La jeunesse a l'habitude de circuler à la sortie des ateliers, de stationner au coin des rues, narguant les ouvrières et gênant la circulation malgré les arrêtés municipaux.

A 9 heures, tout est calme, le commerçant ferme, la ville s'endort pour se réveiller au coup de sifflet de cinq heures en été et de six en hiver. Bohain a ses types curieux et à manies que révèle une observation patiente et un séjour prolongé. La petite ville a bien changé, et si quelques rues sont encore étroites, par contre, les idées se sont élargies.

On lit beaucoup les journeaux, on fréquente un peu la bibliothèque dont le fond a été légué par un philosophe : Fagard, mais les débits de boissons sont encore plus fréquentés. Tout semblerait faire présager une prospérité croissante à cette population de travailleurs, si l'alcoolisme ne faisait des ravages : la ville et les villages sont décimés par ce fléau. En 1899 on a constaté au conseil de révision des jeunes gens du canton 18 °/ₒ d'épileptiques. La race se ruine. C'est là la tâche. Il y a à Bohain un débit pour 37 habitants tandis que dans le canton agricole de Saint-Simon il n'y en a qu'un pour 65 habitants. On compte en France un débit pour 30 adultes, la proportion s'élève à un pour 22 dans la Seine-Inférieure et à un pour 11 dans l'Eure. Paris compte un débit d'alcool pour 78 habitants. Le nombre des réformes pour tares alcooliques va dépasser 35 °/ₒ. La taille moyenne à la circonscription diminue de presque 1/3.

En 1802, le budget qui était dérisoire s'élevait à 634 francs ; aujourd'hui il est l'un des plus importants des chefs-lieux de canton du département et se monte à près de cent mille francs.

En outre de la gare, de l'hôtel-de-Ville, de l'hôpital-hospice, la ville a encore trois groupes importants d'écoles et une église.

La fête patronale a lieu deux fois par an, à la Saint-Martin, le bohainois resté à proximité du pays, même à Paris revient au pays natal, on reçoit beaucoup à ces fêtes sans oublier la pâtisserie. Bohain a pourvu de tisseurs les villes de Saint-Quentin et de Roubaix et pour d'autres métiers Chauny et Paris.

Les villageois des alentours ne viennent plus à la foire marchande tous les 15 de chaque mois, en casquette, blouse et parapluie bleu ; l'aisance produit du travail, leur a fait moderniser leur tenue, on confond maintenant l'ouvrier et le bourgeois.

Chaque année, la ville s'embellit par l'élégance de ses nouvelles habitations, et partout où se trouve un terrain propre à bâtir, le propriétaire y fait élever une maison. Les chaumières ont disparu pour faire place à de coquettes habitations dont l'ameublement presque luxueux s'est rajeuni pour être en harmonie avec l'extérieur.

La construction de maisons à bon marché n'a pas encore fait son apparition, cela ne va pas tarder, c'est l'intérêt de l'ouvrier, aussi ce sera la plus belle conception des idées socialistes.

D'anciens monuments il n'en existe plus, l'église a disparu pour en reconstruire une plus en rapport avec la fortune et la population.

Plus on se rapproche du département du Nord, plus la foi religieuse s'est conservée. Aussi à Bohain on a recueilli près de 300.000 francs pour sa reconstruction.

Bohain et les environs ont fourni à la préhistoire de beaux silex ouvrés enfouis dans les alluvions de l'ancienne forêt ; puis des monnaies en or gauloises, romaines ; des fioles de verre et vases romains, trouvés un peu partout sur le terroir.

Bien des lieux-dits rappellent des souvenirs tels que : la

ruelle des Souvenirs près du château, la rue du Four, la rue de Nevers, l'Hermitage, le chemin des Dames, le Chêne brûlé, la Fontaine au brenn, à Vilée, le Trésor, le grand Hûy, le Bois de justice, la Taille du guet ; Archies et Retheuil anciens hameaux importants détruits où il ne reste qu'une habitation.

Il existait autrefois sur le terrain de l'ancien bureau de poste un hôpital ou maladrerie pour les lépreux, il fut doté par Jean de Châtillon en 1279. Cet établissement s'appelait l'Hôtel-Dieu de Saint-Antoine et avait pour maitresse et prieuse Marie de Viebourg et des sœurs de l'ordre de Saint Dominique (en 1525).

Sur l'emplacement du château, il ne reste plus que les fossés, l'entrée du souterrain, un fût de colonne ; à cette vue on s'arrête rêveur en présence de la puissance déchue, le temps a effacé les blasons des seigneurs d'Avesnes, de Châtillon, de Luxembourg et de Bourbon-Vendôme, cependant le château a joué un rôle important dans l'histoire du pays, son nom figure dans les chroniques à l'époque des guerres d'Orléans et de Bourgogne, pendant la guerre des Impériaux, de la Ligue, et de la Fronde. Le voisinage des possessions espagnoles lui fut souvent fatal, en outre de ses sièges il rappelle de somptueuses fêtes et réceptions : en 1432 de joyeuses fanfares retentirent dans le château lorsque fut conclu un traité entre le duc de Bar et les comtes de Saint-Pol et de Ligny par lequel le duc abandonnait à Jean de Luxembourg le comté de Guise en présence d'officiers et de notaires impériaux.

L'année suivante, le duc de Bourgogne, Philippe III dit le Bon, et sa femme rendirent visite à Jean de Luxembourg et à la comtesse Jeanne de Béthune, sa femme, qui les reçurent avec un luxe extraordinaire.

En 1435, le 16 juillet, Louis neveu de Jean de Luxembourg, épousa au château Jeanne, comtesse de Marle, fille de Robert de Bar ; il y eût de grandes réjouissances et bonne chère, cent chevaliers et écuyers des deux partis y assistaient. Louis de Luxembourg était comte de Saint-Pol, Brienne et Ligny et connétable de France.

Du reste à cette époque, le château passait pour une place très forte et joua un rôle important dans l'histoire du Vermandois. Il fut assiégé environ quinze fois.

Bohain avec ses brillants seigneurs, ses soudards cuirassés de fer et ses bourgeois au vêtement varié offrait un tableau pittoresque par ses contrastes gracieux.

La ville n'a plus cet aspect d'autrefois, mais elle garde avec un soin jaloux la physionomie morale qui lui vient de l'intelligence, de l'énergie et du patriotisme de ses habitants qui ont de tout temps fourni des héros à l'histoire !

Bohainois !... conservez précieusement cette tradition, aimez votre ville, soyez fiers d'en être, soyez heureux d'y vivre ; car *travailler pour la petite patrie, n'est-ce pas servir et défendre la grande ?...*

Ces qualités vous les réunissez dans vôtre affection et votre absolu dévouement !

Sur vôtre terre, arrosée pendant tant de siècles du plus pur sang des enfants de France, le souvenir est resté vivace des luttes d'autrefois ; surtout maintenez intact le patrimoine de gloire et d'héroïsme, qui vous rappelle ce que fut à la frontière vôtre petite patrie : *Pro patria in finibus !*

L'ÉGLISE

La bénédiction de la nouvelle église qui en constituera l'inauguration, sera une date mémorable dans les annales de la ville de Bohain, car elle marquera une ère moderne ; ce monument ne vient-il pas embellir et compléter la série des édifices ? On eut pu reconstruire cette église sur un nouvel emplacement, mais ce dernier n'est-il pas consacré depuis un temps immémorial par celui de l'ancienne, autour de laquelle était le cimetière jusqu'en 1861, c'est là que les ancêtres ont reposé longtemps et n'est-ce pas le lieu qui a été témoin de vos joies et de vos douleurs puisque c'est là qu'on a toujours célébré les baptêmes, mariages et enterrements ? (1)

Voyons donc l'archéologie et l'histoire du vénérable monument disparu.

Bien avant la vieille église il avait certainement existé une église primitive qui fut probablement détruite dans les invasions on en trouve nulle trace. L'église de Bohain était située à l'extrême limite au nord de la ville, elle était sous le vocable de Saint-Martin ; la nomination à la cure appartenait autrefois à l'abbaye de Saint-Nicolas de Ribemont. Le chœur qui avait subi de grandes modifications, paraissait appartenir au commencement du XVIe siècle, il était percé de plusieurs croisées formées d'ogives géminées, couronnées de rosaces. La nef avait été construite bien après. La voûte était soutenue par six larges piliers de forme carrée. Cette construction lourde et massive était due à Pierre Gallois, garde-marteau, conseiller du roi, maire perpétuel de Bohain, qui fit réédifier la nef en 1674 avec les débris du château incendié en 1670. Une plaque de marbre noir indiquant la mort de son fils François, le 16 août 1674 était scellée dans un pilier à droite.

Le portail était en plein cintre formé d'un boudin en saillie appuyé sur deux colonnettes, le même existait à Flavy-le-Martel, il vient d'être restauré. Les fonds baptismaux et le portail étaient du XIIe siècle, d'après la communication qui m'en a été faite par M. Camille Enlart, président du Comité

(1) En 576 saint Médard était venu dans nos contrées déjà chrétiennes évangéliser nos pères. En 1140 saint Bernard avait tracé lui-même le plan de l'abbaye de Fervaques au cours d'un voyage en Vermandois et en Belgique. Il était passé par Bohain.

des sociétés des Beaux-Arts des départements. A l'intérieur on remarquait des vitraux modernes et un chemin de croix en relief.

L'église avait été édifiée sur trois plans à la mode italienne, au milieu il y avait trois pas, au chœur un, de sorte que dès l'entrée on voyait le prêtre à l'autel.

Au moment de la Révolution, il y avait une statue au-dessus du portail et longtemps encore avant, deux lions en pierre de chaque côté de la porte, c'est là qu'on rendait la justice *inter leones*. Il y eût aussi un cadran solaire jusqu'à la fin du côté sud.

Parmi les dalles de l'église on remarquait une pierre tumulaire en deux fragments provenant de la chapelle de l'ermitage du Riez, elle portait cette inscription : « Ci-gît Pierre Boucher qui a été 13 ans ermite en ce lieu natif de Mondidier âgé de... qui décéda le 20 octobre 1689. Priez Dieu pour lui. »

Le 14 mai 1673 en un salut où presque toute la paroisse assistait, Aimée Defrémont fit abjuration de la religion prétendue réformée qu'elle avait adoptée depuis dix-huit mois, elle fit dresser acte de son abjuration parvenant Daniel Braillon, notaire royal le 18 mai.

Le 30 novembre 1683 Dom Jean Gellé, prieur de l'abbaye de Saint-Quentin en l'Isle reçoit l'abjuration de trente calvinistes surtout de femmes dont les maris sont déclarés « absents » en présence de Charles Braillon curé et de Pierre Gallois notaire royal et mayeur de la ville.

La Révocation de l'Edit de Nantes, 22 octobre 1685, privait les protestants d'état-civil ; aussi le 30 avril 1686 on reçoit l'abjuration d'Abraham Briquet, calviniste de la paroisse de Saint-Gobain.

Le 1er juillet 1695, on baptise Daniel Philippe, fils de Philippe Lyevrad, marchand et de Marie Cottin, tous deux de la Religion prétendue réformée.

Le 27 novembre 1733 est célébré le mariage de Louis-Alexandre Canonne, seigneur d'Hézecque, lieutenant garde-marteau aux bailliage et gruerie royale du comté de Bohain, fils de Pierre-Alexandre Lucien, trésorier des fortifications de Cambrai et de Jeanne Duforest avec Marie-Claude Vaquette, fille d'Antoine François « lesquels nous ont déclaré être mariés depuis l'année 1727 et ne recevoir ce sacrement de nos mains que pour se mettre à couvert des doutes qui accompagnaient le premier et le réhabiliter surtout quant aux fore intérieur et aux effets civils. »

Le 18 mai 1733. Abjuration de Marie-Anne Moneuse de la religion prétendue réformée.

Le 2 février 1751. Abjuration de Jean-Charles Schwartz, lieutenant réformé dans le corps des volontaires de Flandre en présence de François-Henri de Bourmary, chef de brigade du corps desdits volontaires.

Le 29 Juillet 1763, baptême de Marie-Rose, fille de Jean-Louis Buon, mulquinier et de Marie Barbe Saint-Léger de la R. P. R.

Le 19 septembre 1774, baptême de Louis-Jacob, fils de Pierre-Nicolas Malfuson et de Marie-Louise Hébert de la R. P. R.

Toutes ces abjurations eurent lieu dans l'église avec un certain cérémonial.

Une ordonnance de police du 3 juillet 1753 du Bailly-Gruyer, juge civil criminel du comté de Bohain art. XII faisait défense aux protestants de s'établir et de fixer leur domicile dans la ville de Bohain et dans l'étendue de la juridiction du Bailly sous peine d'être chassés, même de confiscation de leurs marchandises ou effets. Défense aux habitants de les recevoir chez eux, de leur louer ou affermer leurs maisons, héritages sous peine de 20 livres d'amende la première fois et sous plus grande peine en cas de récidive. Il était aussi défendu de travailler ou faire travailler les dimanches et fêtes.

En vertu d'un édit de tolérance de 1787 qui n'accordait aux protestants que l'état-civil, tous les mariages antérieurs et les enfants qui en étaient issus furent réhabilités à Saint-Quentin le 23 mars 1788.

Privilège du seigneur dans l'église. — Le seigneur jouissait du droit de préséance dans toutes les cérémonies ; il avait le premier banc, le premier morceau de pain bénit, l'honneur de recevoir l'eau bénite, d'être encensé par le curé; il avait aussi le droit de porter des armes et l'épée à la ceinture.

Pendant la messe, aux jours que l'on devait encenser, le curé devait tourner le dos à l'autel, se tourner en face du seigneur et l'encenser convenablement.

Pendant les vêpres, il était obligé de se transporter devant le banc du seigneur et de l'encenser avec toute sa famille.

Le bailli jouissait en l'absence du seigneur de tous ces droits honorifiques. Dans le chœur de l'église le seigneur et sa famille occupaient la partie droite séparée du peuple par une balustrade. A Bohain, comme les seigneurs ne résidèrent que rarement au château où ils avaient une chapelle, le bailli à qui était échu ce privilège ne s'en prévalut jamais au point de donner lieu à contestations.

La paroisse d'Archies a été réunie à celle de Bohain en 1702 et avant la Révolution elle ne consistait plus qu'en une ferme ou le prieur de Brancourt allait dire messe à la chapelle. Le 9 avril 1716 on baptisa une cloche. Le 18 janvier 1722 baptême de la grosse cloche nommée Félise-Alexandrine. Parrain Messire Loüis de Mailly, par la grâce de Dieu, prince souverain d'Orange, marquis de Nelle, comte de Bohain, Beaurevoir et Bernot. Marraine Madame Félise-Alexandrine de Mazarin, épouse de mondit Seigneur. Le 29 juin 1733 baptême de deux cloches. Le 21 novembre 1759 baptême d'une cloche qui doit servir de troisième. Le 29 août 1745, on bénit une grande croix et un crucifix au pont de Cambrai (entrée de la rue Pierre Lescot) et deux bannières une du Saint-Sacrement et l'autre de Saint-Sébastien pour la confrérie des archers. En 1838 baptême d'une cloche. Enfin en 1850 M. Pierre-Alexandre Maréchal, curé-doyen bénit trois cloches. La grosse a été nommée Marie-Flore ses parrains et marraines ont été Louis-Damas Toffin, maire de la ville, commandant de la Garde Nationale et dame Vatin, née Flore Lanthier. Ricard Robert, premier adjoint et dame Allain, née Anaïs Grousselle ; Calixte-Joseph Vassaux et dame Flamant, née Béatrice-Appoline Fournier. La moyenne a été nommée Alexandrine, ses parrains et marraines : M. Fagard et dame Fagard, née Alexandrine Collignon ; Louis-Edouard Dauthuille et dame George, née Angéline Deloffe et Henri Lefèvre-Beauvais et dame Robert, née Désirée Robert. Cette cloche remplace celle de 1838. La petite a été nommée Catherine, ses parrains et marraines ont été Joseph-Denis Robert et dame Foigne, née Victoire Virginie et Louis-Joseph-Casimir

Frémeaux et dame Longuet, née Eléonore Dubois. Ces cloches portent : refondu en 1874 par Drouot, fondeur à Douai.

Au milieu du XVIIIe siècle et cela de 1659 à 1660 il s'ensuivit de longues guerres au sujet des possessions espagnoles dont Louis XIII et Louis XIV voulaient s'emparer ; la désolation régnait dans les villages de l'arrondissement par suite des allées et venues des deux armées : la terre n'était plus cultivée, les habitants dépouillés étaient réduits à se nourrir de racines, d'herbes et de mauvais fruits. Non seulement les habitants étaient sans pain, ni bois, ni linge, mais sans secours de la religion et sans pasteurs, la plupart étaient morts ou malades, les églises avaient été pillées, ruinées et quelques-unes incendiées. Bohain, situé sur le passage des troupes n'échappa pas à ces calamités malgré son château.

Vers la fin de septembre 1789, le curé lisait le mandement de Mgr Hector de Sabran qui exhortait paternellement ses paroissiens à rester fidèles à Dieu et au Roi. Le passage suivant donnant le tableau de la situation générale représentait bien celle de Bohain en particulier.

« Vous le savez, l'époque de la régénération du royaume est devenue celle d'un désordre presque universel. Les châteaux incendiés dans plusieurs provinces ; les droits de la propriété violés par la plus coupable des impostures, au nom même du souverain qui, comme il le dit lui-même, s'est montré le constant défenseur de la justice ; les asyles de la piété réduits en cendres, ou livrés au pillage ; et jusqu'au milieu de vous, des religieux vénérables qui avaient sauvé l'indigence des rigueurs du dernier hiver, ne trouvant qu'une sauvegarde impuissante dans les bienfaits de leur charité, et contraints pour la plupart de chercher leur salut dans la fuite : la fureur des jugements populaires substitués au glaive de la loi ; le trésor de l'Etat tari jusque dans sa source, soit par des retardements de subsides, soit par les manœuvres de la cupidité ; de fausses alarmes semées par des hommes qui, ne pouvant nuire par la force, cherchent du moins à troubler par la terreur ; pour comble d'infortune, une disette effrayante servant de prétexte à l'insubordination et à la violence ; partout des dissentions, des crimes, et dans quelques contrées, la confusion du chaos ; voilà la trop fidèle peinture des calamités qui remplissent notre âme de tristesse. »

En même temps qu'elle organisait un nouveau régime administratif,au milieu de désordres toujours croissants l'Assemblée nationale préludait à une nouvelle constitution de l'église. Le 13 février 1790, une loi abolissait les vœux monastiques, le 26, on enjoint aux curés, vicaires et desservants de paroisses de donner lecture au prône de tous les décrets de l'Assemblée sans distinction de ceux qui étaient contraires à la religion.

Frappant sans pitié sur l'Eglise de France, l'Assemblée nationale élaborait la nouvelle Constitution du royaume qui mettait fin officiellement à l'ancien régime. Le serment à la Constitution dit serment civique ou de fidélité fut prêté par les ecclésiastiques le 14 juillet à la fête de la Fédération, n'offrant rien de contraire aux principes de la religion catholique ; il était conçu ainsi : « Je jure d'être fidèle à la nation, à la loi et au roi, et de maintenir de tout mon pouvoir la Constitution décrétée par l'Assemblée nationale et acceptée par le roi. »

La fête de la Fédération fut une fête nationale, on éleva un tertre de gazon que surmonta l'autel de la patrie environné de fleurs et feuillages. Les autorités municipales se rendirent à l'église accompagnés de la garde nationale on prenait le clergé et on se rendait à l'autel de la patrie, le curé y célébra la messe puis eut lieu la prestation du serment par lui, les autorités et le peuple qui répétait l'acte de fidélité à la nation, à la loi et au roy. On retourna à l'église où le curé entonna le *Te Deum.*

Cette cérémonie se fit au son des cloches, au bruit du tambour, de coups de fusil, de chants patriotiques, elle se termina par un banquet, des danses et des divertissements. Le curé Gambier s'unit sans arrière-pensée, à cette manifestation nationale, il prêta le serment de grand cœur car il voyait dans la Révolution naissante une ère de régénération et de liberté sage par la suppression des abus.

Le décret du 10 juillet 1791 proclamait la liberté des opinions politiques et religieuses « pourvu que leur manifestation ne troublât pas l'ordre public » l'Assemblée législative rendit le 29 novembre 1791 une loi qui obligeait tous les prêtres indistinctement à prêter le serment civique, devant les magistrats de la commune, sous peine d'être regardés comme réfractaires, réputés suspects de révolte contre la loi, animés de mauvaises intentions contre la patrie, d'être privés de leur traitement et placés sous la surveillance des autorités administratives du Département.

Les curés restés dans leur paroisse, après avoir fait le serment constitutionnel y exercent le ministère avec les pouvoirs reçus de leur évêque légitime, mais ils les exercent illicitement. S'ils restent, les paroissiens continuent généralement à les considérer comme leur pasteur et ils passèrent au milieu d'eux le temps de la Révolution en se pliant à toutes les vicissitudes et conservèrent la considération dont ils jouirent jusqu'à leur mort. Tel fut le cas du curé de Bohain qui dût prêter serment à l'acte constitutionnel.

Le curé Gambier n'était pas un timide, en août 1780 il avait adressé au Directeur général des finances une plainte en deni de justice de la part du bureau diocésain de Noyon relativement à une requête par lui présentée en surtaxe de décimes et il obtint justice.

Le décret des 23 et 24 février 1793 autorisait les communes à convertir leurs cloches en canons ; sur les trois qu'il y avait, on en enleva deux dans ce but.

En mai 1793, 170 hommes de Bohain vont faire des retranchements à Valenciennes.

Puis cette ville et le Quesnoy assiégés sont pris par les Autrichiens.

Le 2 septembre, les Autrichiens entrent à Bohain et le pillent. On fait une levée des jeunes gens de 18 ans.

Le 7 novembre les Autrichiens viennent encore piller Bohain.

Le 7 frimaire an II (27 novembre 1793) on célébrait la dernière messe, les vases sacrés et les ornements furent enlevés. L'église fermée fut désaffectée et manifestement appelée *temple* consacrée au culte de l'Etre suprême ; elle devint salle de réunion et atelier pour la fabrication du salpêtre (atelier révolutionnaire de salpêtre, comme il est dit dans les délibérations du Conseil général de la commune).

Pendant tout l'hiver Bohain fut entre les deux armées : les

Français à Lesquielles et Bohéries, l'armée autrichienne au Cateau et à Saint-Souplet.

Cette situation a duré jusqu'au 1er mars 1794, ce jour-là l'armée française est arrivée à Bohain avec tant de monde que l'église dut servir à loger des chevaux, ce qui la dévasta.

Du 1er mars au 17 avril Bohain fut le quartier général de la division intermédiaire de l'armée du Nord commandée par Goguet.

Le 17 avril l'armée française fut attaquée et l'ennemi entra furieux à Bohain qu'il incendia et pilla, une grande partie des habitants s'étaient enfuis.

Le 7 mai une bataille s'engagea entre le Cateau, Mauroy et Troisvilles.

On ne fut délivré des ennemis que le 23 juin, pendant tout ce temps le culte avait été abandonné.

Gambier, curé depuis 1765 n'abandonna pas le presbytère, aussi fut-il réinstallé le 8 messidor an XI (27 juin 1803) ; il est à croire qu'il sût plaire dans ces temps difficiles, car le conseil général de la commune eut pitié de sa situation puisqu'il dit dans une délibération : « une partie du presbytère est encore occupée par l'ex-curé octogénaire ayant un pied dans la fosse et que l'humanité exige de n'y point précipiter l'autre en le faisant déloger. » 20 pluviose an III (8 février 1795).

Il fut cependant question de lui prendre le presbytère pour loger l'instituteur et l'institutrice et y tenir école : mais une partie seulement fut affectée à cet usage. Le conseil lui retira d'abord le jardin de 40 verges que la commune lui octroyait 3 germinal an III (23 mars 1795), puisqu'il n'était plus que le *ci-devant* curé ; puis le 12 prairial (31 mai) il prit la décision de lui faire évacuer le presbytère « pour être occupé conformément à la loi par les instituteurs d'école primaire » ; on lui donna un délai de dix jours.

La Convention débarrassée du despotisme de la Montagne et des violences du Comité de Salut public n'abandonna pas pour cela ses principes révolutionnaires, la haine de la royauté et de l'Eglise. Elle subit cependant aussi l'influence de la réaction thermidorienne, car elle accorda par son décret du 3 ventose an III (21 février 1795), la liberté des cultes mais limitée par des restrictions et des prohibitions sévères. Le port du costume ecclésiastique ainsi que toute cérémonie extérieure des cultes, tout signe indiquant la destination des édifices comme toute invitation et proclamation pour y convoquer les citoyens y étaient défendues.

Ce décret défendant tout rassemblement pour l'exercice du culte en punissait sévèrement les perturbateurs et bien qu'à Bohain les adhérents des deux sectes dûssent se servir de l'Eglise, il n'y eût aucun trouble ni dans l'un ni dans l'autre à l'occasion de l'exercice de leur culte.

Cependant les femmes de Bohain décidèrent que puisqu'on pouvait se réunir pour pratiquer le culte et qu'on disait la messe ailleurs, on pouvait aussi la dire à Bohain ; elles s'entendirent pour sonner la cloche ; ce qui rassembla du monde, elles en profitèrent pour ranger et se faire aider à mettre de côté les ustensiles de l'atelier de lessivage.

L'agent national Le Maire notaire et Etienne-Denis Robert revêtus de leur écharpe arrivèrent et voyant ces manœuvres, ils demandèrent à ces femmes de quel droit elles se mêlaient de ranger et de balayer l'église, elles répondirent que c'était de leur propre mouvement et qu'elles entendaient qu'on célébrât la messe le lendemain. Elles allèrent, sans tenir compte des observations, chercher un autel déposé chez un menuisier qui revint le monter.

Le lendemain 9 germinal (29 mars), le curé Gambier, sans souci des autorités, fit sonner la messe qu'il célébra à neuf heures, il la disait chez lui déjà depuis quinze jours, où il avait annoncé la fête de la Vierge au 25 mars. Il fit un sermon et le salut.

Le maire protestant Delassus était stupéfait, il aurait voulu plus de soumission de la part du curé qui paraissait méconnaître que tout exercice était soumis à la surveillance des autorités constituées.

Gambier avait de l'ascendant sur le peuple, car depuis qu'il avait repris ses fonctions on n'allait plus chez l'officier public pour déclarer naissances, mariages et décès, mais chez lui.

Le maire dressa procès-verbal de l'insurrection des femmes et prit la décision d'en informer de suite l'Administration du district de Saint-Quentin.

Il terminait son acte en disant « qu'il était dangereux que de nouveaux excès encouragés par l'impunité des premiers ne vinssent bouleverser l'ordre, insurger entièrement la commune et même celles de l'arrondissement. Il parle qu'un esprit de malveillance continue à agiter le peuple et du puissant ressort qu'il croit devoir faire jouer : celui du fanatisme ! »

Delassus ignorait que sur plusieurs points du département et même dans l'arrondissement, des femmes énergiques prenaient la place des hommes afin qu'on ne pût sévir contre elles.

Dans cette année même à Villers-Cotterêts, le député Laurent en mission, avait réprimé à coups de fouet de poste une émeute de femmes causée par la disette.

Le 16 germinal (5 avril), la municipalité s'étant réunie, se dirigeait accompagnée de la patrouille du canton, des gendarmes et d'une partie de la garde nationale vers le temple de l'Etre suprême pour y promulguer une Loi de laquelle devait dépendre le salut de la République.

Elle rencontra le curé qui venait de chanter la messe (au mépris de la loi et des autorités constituées) suivi d'une foule dont se détacha la majeure partie pour venir être témoins d'une séance qui faisait présager de son importance. Delassus fit lecture de la loi dans le plus grand silence.

Une personne prononça ce vœu : Périssent les tyrans coalisés, périssent le fanatisme et vive la République !

Ce cri fut répété par toute l'assemblée et l'un dit : Que la nation nous donne du pain, nous sommes prêts à verser notre sang pour elle ! Le maire exhorta le peuple à la patience en attendant, et à mépriser la conduite de ceux qui cherchaient à les soulever en déchirant la Convention nationale, les autorités constituées les rendant responsables de leur détresse. La famine sévissait durement à Bohain.

Le 17 prairial (5 juin) le curé Gambier pour se mettre d'accord avec la loi du 11 prairial et aussi pour ne pas encourir la vengeance du maire, se présenta à l'agent national Le Maire et lui fit la déclaration de vouloir remplir ses anciennes fonctions. Celui-ci dresse un acte où il dit : « Connaissant sa soumission aux lois de la République, lui avons accordé acte de ses déclarations. »

Le lendemain Théodore Dumoutier, ancien curé de Ribauville, fait une pareille déclaration.

Les membres du Conseil général de la commune réunis au temple de l'Etre suprême, font lecture au peuple du bulletin relatant les victoires remportées sur les rebelles et factieux à Paris et en province, ils l'exhortent à souffrir encore un moment, le règne des factieux et de l'anarchie est à son terme, bientôt la liberté triomphera de ses ennemis, ce sera la fin de vos maux et le retour à la paix et à l'abondance.

Une épidémie avait enlevé le quart des habitants, et la famine menaçait (plus de blé, plus de pommes de terre) il y avait grande pénurie de subsistances. (19 vendémiaire) 11 octobre.

L'église avait été convertie en atelier révolutionnaire de salpêtre et eaux salpêtrées, elle contenait des cuviers et instruments à cet usage. La municipalité avertie qu'on volait des cuviers la nuit, prit un arrêté pour y mettre un terme et fit le récolement des objets qui étaient encore dans l'église. Le procureur de la commune s'étonne qu'on ose ainsi voler dans le temple « dédié au service divin » et veut entraver les progrès anarchiques qui se développent dans l'esprit du peuple que l'impunité enhardit. 21 vendémiaire an IV (13 octobre 1795).

En conséquence de leur déclaration du 17 et 18 prairial, Gambier et Dumoutier font devant les membres de la municipalité cette déclaration (22 vendémiaire) : Je reconnais que l'université des citoyens français est le souverain, et je promets soumission et obéissance aux lois de la République. Ils déclarent aussi, conformément à l'art. 16 de la loi du 11 vendémiaire sur la police des cultes, avoir choisi l'ancienne enceinte dédiée au culte catholique pour l'exercice de leur culte.

La municipalité parait avoir été en discorde du 17 prairial au 11 vendémiaire (5 juin 1796 au 2 octobre), jour de sa réorganisation ; dans cet interval on n'avait pas eu le temps de déterminer les conditions dans lesquelles devaient se célébrer le culte.

Le conseil général dans sa séance du 9 brumaire (31 octobre) fit l'arrêté dont voici le résumé :

« Par la loi du 11 prairial an IV, il était accordé provisoirement aux communes le libre usage des édifices destinés aux exercices du culte sous la surveillance des autorités, aussi bien pour l'exercice de leur culte que pour les assembléesordonnées par la loi. »

Comme à Bohain il y avait des catholiques et protestants qui devaient se servir de l'église, il était nécessaire de leur fixer les heures auxquelles chacun devait se réunir.

Les catholiques eurent le droit de s'assembler les dimanches jusque 10 heures du matin et de 1 heure à 3 ; les protestants depuis 10 h. 1/2 jusque 1 heure ; toutefois la municipalité qui devait se réunir à 10 heures pour une demi-heure environ, avait toujours la préférence pour les heures.

Les catholiques pouvaient se réunir la semaine suivant leur coutume ; mais ils devaient s'assurer si la municipalité n'avait pas besoin de se réunir à la même heure. Car elle s'assemblait à l'église pour promulguer les lois et faire toute communication utile. Comme cet arrêté avait été élaboré par le maire protestant Delassus, il faut voir les périphrases dont il se sert pour éviter le mot église. (1)

Pour la sonnerie des cloches : on sonnera cinq minutes, la cloche à la volée, pour chaque réunion ; quant à l'assemblée municipale elle se fera au son de la cloche tintée, sans limitation de durée.

Défense de sonner l'angélus le matin et le soir ; la sonnerie de midi continuera pour les ouvriers des champs ; on n'annoncera plus les morts ni les enterrements.

On décida même de l'endroit où devait être placé la tribune; mais ce qui paraissait gêner surtout, c'était la croix placée sur le clocher et la statue sur le portail ; le maire invite à cet effet les ouvriers d'art à se présenter, pour traiter et à les faire disparaître.

Les gendarmes sont requis d'assister aux assemblées, pour maintenir le bon ordre. »

Le 20 pluviose an IV (9 février 1796), les agents municipaux, réunis dans l'église, donnent lecture de la délibération de l'administration départementale du 27 nivose an IV (17 janvier), « Qui enjoint qu'aucun signe particulier à un culte ne peut être placé dans un lieu public ».

On avait convoqué Jacques-Quentin Lefèvre, charpentier ; Louis-Joseph Tricqnaux, taillandier ; Jean Maréchal, Charles Bobœuf, couvreurs ; Louis Defrance, menuisier ; Alexis et Jean-Baptiste Delaporte, maréchaux, qui déclarèrent n'avoir ni la capacité, ni les instruments nécessaires pour démolir la croix et le clocher. (La tempête du 12 mars 1876, plus capable qu'eux, fera le travail sans instruments et sans consulter personne).

Aux lois anciennes de proscription s'en ajoutèrent de nouvelles ; l'arbitraire et la férocité furent inouis, 18 fructidor an V (4 septembre 1797). Le prétexte fut une prétendue conspiration royaliste, où on engloba le clergé sans distinction de constitutionnel ou d'orthodoxe.

Une commission des Anciens révoqua les lois portées depuis quatre mois, surtout celle du 7 fructidor (24 août), rapatriant les déportés, renouvela l'observance des *décadis*, la défense de chômer le dimanche et imposa aux ministres du culte exerçant le ministère, le serment qui avait été fait le 21 janvier 1796, par tous les membres des Conseils. Il consistait à jurer : « Haine à la royauté et à l'anarchie ; fidélité et attachement à la Constitution de l'an III. » Elle soumet à la rigueur des lois, surtout à la déportation, les prêtres qui troubleraient l'ordre public, prescription élastique dans laquelle on pouvait faire entrer toutes sortes de dénonciations concernant le service du culte catholique.

Les proscriptions s'étendirent sur toute la France, partout s'opèrent les arrestations, surtout à l'égard des prêtres insermentés, contre lesquels s'acharna le ministre de la police.

Le coup d'Etat retentit bientôt dans l'Aisne ; l'Administration supérieure y fut remplacée par une autre plus révolutionnaire, laquelle déclara dans une proclamation « que les prêtres habi-

(1) Il est curieux de constater que Delassus qui voulait mener tout strictement se soit rendu coupable d'une contravention en usurpant la particule nobiliaire à une époque où précisément les nobles étaient suspects. (*Délibération du 6 nivose an III (26 décembre 1794) où le mot Delassus est écrit de Lassus.*)

tués à se jouer de tous les serments abusent impunément de la liberté des citoyens », inquiètent les acquéreurs de biens nationaux, parcourent les campagnes, y semant « le mensonge, la discorde, la calomnie et la haine de la République » ; que « le ministre du culte, fidèle à la garantie civique, par lui jurée, sera protégé et le ministre hypocrite sera signalé » ; que le perturbateur « sera déporté » et qu'elle protègera et défendra les acquéreurs de biens nationaux.

L'Administration départementale lança une nouvelle proclamation plus violente que la première, où elle faisait revivre les fêtes civiques et pressait les administrations inférieures d'agir sans délai ni ménagement, envers les ministres du culte.

A cet appel on dressa des listes de proscription renouvelées de la grande Terreur.

Cette recrudescence dans la persécution s'accentua en donnant l'ordre à chaque canton de dresser la liste des ministres du culte après la prestation du serment du 19 fructidor, Gambier qui s'était rétracté avant le 18 fructidor dût prêter serment à nouveau.

RÉTABLISSEMENT DES FÊTES CIVIQUES ET DU CULTE DÉCADAIRE

16 BRUMAIRE AN VI (*6 novembre 1797*)

Le Directoire exécutif, aidé des nombreuses administrations centrales et cantonales renouvelées après le 18 fructidor essaya en vain de ranimer la liturgie décadaire en conformité avec le calendrier républicain. Il ne rencontra qu'indifférence ; les populations étaient portées vers l'ancien culte des ancêtres avec ses vieilles églises, ses cérémonies religieuses, ses dimanches et fêtes. Par son règlement sur la police des cultes du 1er décembre 1797, le Département ordonnait l'observation des fêtes décadaires. Les lois concernant les décades seront ponctuellement observées. Tous les décadis, la municipalité, sortira du lieu de ses séances accompagnée des bons citoyens et citoyennes, instituteurs et institutrices avec leurs élèves, se rendra au lieu des arbres de la Liberté et, en cas de mauvais temps dans le temple appelé ci-devant église. Là, des chants civiques, la lecture des lois et de quelques articles de la Constitution seront entendus. Le *décadi*, jour consacré au repos, tout travail, tout commerce, tout étalage à l'extérieur sont défendus. Les fonctionnaires, les citoyens donneront l'exemple du repos. Les ministres du culte sont invités à transférer aux décadis les cérémonies religieuses les plus importantes. Les contrevenants seront dénoncés au commissaire du Directoire par les commissaires de police.

Un nouveau culte, la théophilantropie, de ce qu'il était basé sur l'amour de Dieu et des hommes, fut inventé fin de 1796 par Larévellière-Lepaux autour duquel s'étaient groupés les ennemis du catholicisme, les esprits exaltés, les prêtres mariés ou apostats, les athées, les anciens sectateurs de la Raison et de l'Etre suprême.

Cette secte adopta le décadi pour fête de repos, ses doctrines et ses pratiques religieuses étaient puisées dans la religion catholique et dans la religion naturelle. Dans tout le département les institutions républicaines sont si négligées ou méprisées que souvent elles ne produisent que le dégoût et que les habitudes invétérées reprennent le dessus. Les ouvriers refusent de travailler le dimanche, les instituteurs ferment leurs écoles, les ministres des cultes célèbrent comme autrefois, ces jours-là, les cérémonies religieuses et se servent au prône des dénominations de l'ancien calendrier ; l'on se porte aux églises les fêtes et dimanches et on vaque à ses occupations ordinaires les jours de décadi. Les cabaretiers ouvrent leurs débits et les ménétriers forment le dimanche sans autorisation des bals, des jeux sur les places et voies publiques.

Par son arrêté du 17 fructidor an VI (3 septembre 1798) le Département défend aux prêtres le costume religieux, et de faire aucune cérémonie à l'extérieur ; le 23 un autre arrêté ordonnait en cas de rébellion contre les lois, la fermeture des écoles et condamnait les ménétriers et les prêtres dénoncés comme ennemis publics à trois jours de prison et de travail. A son instigation, le Pouvoir exécutif frappait de destitution pour fautes contre les décadis, les fêtes nationales, l'attachement au curé et au fanatisme certains agents municipaux.

La plus grande incohérence présidait à l'observation des fêtes républicaines que chaque administration cantonale organisait à sa façon. Et ces administrations communales avouent les difficultés qu'elles éprouvent à faire oublier les anciennes habitudes religieuses.

Parmi toutes les administrations cantonales, celle de Bohain se fit remarquer par ses violences pour l'observation des fêtes décadaires et contre les partisans du dimanche ou *dominicains*, en ordonnant contre eux d'actives poursuites : « Il est plus que temps, disait-elle, de donner aux citoyens une idée de la haute destinée du calendrier républicain, en leur montrant à nu les pièges que les amis secrets des nobles et de la domination sacerdotale leur tendent. » Elle chargea une colonne mobile de gardes nationaux de se mettre à la poursuite des conscrits réfractaires, de faire observer les décades et d'arrêter les contrevenants. Ce fut en vain, toutefois, qu'elle voulut empêcher les cultivateurs de travailler les décadis pendant la moisson ; ceux-ci ne tinrent pas compte de ses injonctions. Mais voici qui est plus fort : en haine du calendrier grégorien, elle voulut que les fêtes patronales de village fussent reportées au premier décadi d'avant la fête des ci-devant patrons et que celles-ci perdant leur nom, s'appelassent « réunions champêtres ou pastorales ».

Pour comble de ridicule, l'administration de Bohain décida en outre : que les jours d'échéance, où l'on réglait les comptes des ouvriers de labour, le paiement des fermages, loyers de maisons, gages des domestiques tels que la Saint-Martin, la Saint-Jean, la Saint-Luc, la Saint-André, Noël, Pâques, toutes les fêtes prohibées, seraient reportées aux premiers jours de chaque mois républicain les plus rapprochés des dates de l'ancien calendrier.

Les vieilles habitudes firent justice de ces inventions, et l'administration elle-même s'oublia au point de fixer ses séances « au jour du samedi » bévue qu'elle se hâta au reste de réparer, dès qu'elle s'en fut aperçu.

Certains habitants de Bohain préférèrent pourtant au culte décadaire celui des théophilanthropes qui prêtait davantage au sentiment religieux. Ils demandèrent à l'administration l'ancienne église pour leurs réunions, elle leur fut accordée. « L'exercice de ce culte, disait cette dernière, parait être le plus rapproché de la nature et celui que doivent professer les vrais républicains, en ce qu'il n'y est reconnu d'autre divinité que l'Auteur de la Nature et d'autre idole que la liberté, l'égalité et l'amour du prochain. »

La répulsion des populations pour les fêtes décadaires se propageant de plus en plus le Département s'en prit, dans un arrêté du 7 thermidor an VII (25 juillet 1799) aux administrations inférieures des cantons « dont le zèle n'était pas à la hauteur de sa haine de la religion, ou ne faisaient pas respecter les décadis par insouciance,et il destitua les membres de celles du Catelet ; le citoyen Lecoq agent de Fresnoy qui n'était que l'agent de l'ex-curé et le protecteur du fanatisme ; Lacheret agent de Serain qui par son ineptie et son fanatisme provoque le mépris des lois et dégrade l'esprit public. » On ne traite pas mieux le citoyen Barabé, agent de Bohain, qui « tolère les contraventions à la loi du 17 thermidor et consacre par son exemple, ce préjugé qui attache les esprits faibles et superstitieux à la célébration des dimanches romains et des fêtes ultramontaines. » (François Barabé boucher était maire pour la seconde fois et n'exerça qu'un mois).

Le pouvoir arbitraire et tyrannique que s'était attribué le Directoire, ses attentats contre la liberté de conscience et celle des cultes en avaient préparé la chute. Il fut renversé par Bonaparte le 18 brumaire an VIII (9 novembre 1799). A sa place fut institué un gouvernement de trois consuls qui fut de courte durée.

Une nouvelle Constitution fut donnée à la France les 12-13 décembre 1799 (21-22 frimaire).

Promulguée le 24 décembre (3 nivose) elle fut mise en vigueur les premiers jours de janvier 1800.

Ce nouveau régime fut le retour au calme après la tourmente pour le clergé décimé, exilé, déporté,outragé, dépouillé. Sous la volonté du Premier Consul il s'opère un profond changement dans le Clergé.

La loi du 8 frimaire annule les décrets du 18 fructidor et rappelle les prêtres déportés.

Les arrêtés des consuls des 7 nivose (28 décembre) et 2 pluviose (22 janvier 1800) assurent l'usage des édifices destinés au culte, tout en y laissant célébrer les fêtes décadaires tombées ; annulent les décrets qui restreignent l'ouverture des églises aux décadis, et réduisent les fêtes nationales à celles du 14 juillet et du 1er vendémiaire. Enfin les décadis cessèrent d'être les jours fériés pour les fonctionnaires et les citoyens purent se livrer tous les jours à leurs travaux. On dressa un état des églises à rendre au culte, et il parut des circulaires sur la liberté des cultes et la jouissance des églises.

La prestation des divers serments exigés dans le cours de la Révolution avait été une source de dissensions et de persécutions. Le seul serment exigé fut celui-ci : « Je jure fidélité à la Constitution. »

C'est dans ces entrefaites que le 1er germinal (22 mars 1800) M. Dauchy vint prendre la direction du département comme préfet. Il mit en liberté les prêtres détenus qui se rendirent dans leurs paroisses et y trouvèrent des moyens d'existence. Avec lui l'exercice de la religion avait repris de nouveau, mais sauf les cérémonies extérieures. Le 7 nivose an IX (28 décembre 1800) un arrêté assurait aux catholiques l'usage exclusif des édifices religieux, le Préfet avait le 18 mai autorisé le son des cloches aux heures du travail des champs puis bientôt il toléra qu'on s'en servit pour annoncer les offices, les croix même purent reparaitre sur les édifices religieux.

Pour Bohain des discordes dans la municipalité et les théophilanthropes furent cause que le culte mit trois ans à se rétablir, le curé Gambier ne fut réinstallé que le 8 messidor an XI (27 juin 1803). Liste des curés : Vers 1360 Nicolas Thierry ; 1640-66 Jean Robert ; 1667-1710 Charles Braillon ; 1715-26 Dehery, Milon, Jacques-Luc-François d'Eguillon ; 1726-35, François Bégain, Longatte ; 1735-65 Destienne de Peysonnel de Saisseval ; 1765-1803... Pierre-François Gambier, en 1789 ; Jean-Claude-Louis Caignard prêtre vicaire, François Dumont prévôt de la chapelle Saint-Blaise à Archies, le chapelain de Saint-Antoine celui de Notre-Dame du Rosaire et Théodore Dumoutier.

Le cimetière actuel situé au lieu dit le Guet du Nil de la contenance de 1 hectare 19 ares 97 centiares a été vendu par le Bureau de bienfaisance à la ville le 13 juillet 1860 moyennant 5.000 francs. Au même lieu 14 ares 77 centiares ont été acquis de divers au prix de 1311 francs pour établir un chemin. Enfin M. Louis-Claude-Joseph Flamant, fabricant de tissus veuf d'Appolonie-Béatrice Fournier a fait don à la ville de terrains acquis de divers pour 1181 francs au même lieu 6 ares 36 centiares (8 mètres sur 79 mètres 50). La rue du cimetière est en partie le don de M. Flamant qui avait été capitaine d'Intendance en 1870, décédé en 1901. Il serait à désirer qu'on donnât son nom à cette rue.

A Bohain on a le culte des morts, c'est un besoin spontané du cœur humain, résultant de notre propre nature, il est de tous les temps, de tous les lieux, indépendant des croyances et des religions qui n'ont fait que consacrer sa célébration dans le but de la faire concourir au perfectionnement des hommes.

Le culte des morts contribue à l'éducation morale et intellectuelle de l'humanité : à son éducation morale, en perfectionnant et purifiant nos attachements, en prolongeant l'action moralisatrice de la famille au-delà de l'existence objective des êtres qui en font partie, en excitant notre tendresse et notre vénération, et en nous apprenant à utiliser pour notre grandeur les fatalités que nous subissons ; à notre éducation mentale, en exerçant notre intelligence à se représenter les êtres disparus, en développant la vie subjective, en nous disposant à mieux comprendre l'Humanité qui se compose bien plus de morts que de vivants, puisque c'est aux morts que nous devons d'être ce que nous sommes.

Le jour de la Toussaint est pour les morts le jour des réceptions. Le cimetière est illuminé le soir, on a enlevé aux tombes les herbes parasistes, frotté les pierres, redoré les inscriptions ; on a ratissé et balayé les allées qui s'allongent entre les rangées de monuments remis à neuf. On a sablé la tombe de ceux qui n'ont qu'une croix de bois et planté des fleurs nouvelles.

Dans la nuit du 20 au 21 août 1857 l'incendie de la ferme Allin, située près de l'église alluma la flèche du clocher et la détruisit. Ici rien de plus explicite que l'inscription sur marbre qui se trouvait dans l'église.

L'an de grace MDCCCLVII,
dans la nuit du XX au XXI août
Cette église menacée par l'incendie
qui venait de se communiquer
au bout de la flèche du clocher
fût, avec l'aide de DIEU
et sous l'intelligente direction
du capitaine LEMAIRE,
sauvée d'une ruine imminente,
par la conduite intrépide et courageuse
du sergent LEFEVRE Auguste,
du sapeur SAVIGNY,
du sergent DEFRANCE Timothée,
tous trois de la Compagnie
des sapeurs-pompiers de cette ville
et celle du sieur ARNAL,
artiste dramatique de passage.

CE MARBRE FUT PLACÉ PAR LE CONSEIL
DE FABRIQUE RECONNAISSANT.

L'église n'a pas subi de siège, comme celle de Prémont en 1580, par la raison qu'il y avait un château-fort à Bohain ; mais elle avait reçu près du pilier de gauche de la façade un obus lancé par les Allemands le 2 Janvier 1871 avant leur entrée en ville du haut de la route de Brancourt.

Le 12 mars 1876 la tempête enleva la flèche du clocher qui retomba la pointe perpendiculairement sur la toiture et cela sans accident de personne. Après réparation, le clocher privé de flèche conserva l'aspect qu'il eût jusqu'à la fin.

Il n'est que juste de citer ici le nom de l'abbé Rochart, curé-doyen décédé en 1900, promoteur de l'idée de la reconstruction de l'église, qui provoqua les souscriptions, fit dans l'église de nombreuses quêtes à cet effet et n'aura pas eu le plaisir de voir son œuvre réalisée. Lui aussi a travaillé à l'embellissement de votre ville et de la petite patrie !

La nouvelle église mérite certes d'être décrite, mais elle n'a pas encore d'histoire, malgré cela les Bohainois pourront maintenant être fiers de leur superbe église et de son admirable clocher. Le clocher n'est-il pas le symbole de la patrie ? N'avez-vous pas entendu raconter le retour du soldat rentrant au village à l'issue d'un congé de sept ans ; il marche, aussitôt qu'il aperçoit dans le lointain le clocher il pleure de joie, car c'est là qu'il va retrouver ceux qui lui sont chers. Pendant qu'il était loin de son village, combien de fois n'a-t-il pas pensé à ce retour dans ses foyers, et à la vision dans le lointain de l'église et de son clocher, pour lui surtout, et pour tous, ce clocher n'est-il pas l'image vivante de la Patrie ?

ATTRIBUTION DES BIENS ECCLÉSIASTIQUES

Par décret du 4 juin 1909 : ont été attribués au Bureau de bienfaisance les biens mobiliers et immobiliers ayant appartenu à la fabrique de l'église et comprenant :

1 hectare 78 ares 70 centiares de terre sis au lieudit Au-delà du Moulin-Mahieu ; 89 ares 90 centiares de terre sis au même lieu ; 59 ares 50 centiares de terre sis au lieudit A la tête du Chemin de Vaux ; 53 ares 40 centiares de terre sis au lieudit A la tête au Faux Plant. Seize titres de rente 3 %. La somme représentant les revenus perçus par le séquestre de ces biens.

Sont attribués à la ville et destinés à la reconstruction de l'église :

Dix-huit titres de rente 3 % et les arrérages perçus par le séquestre sur ces titres.

Dans la nouvelle église il ne reste de l'ancienne qu'un christ grandeur nature scellé à droite qui porte cette inscription : « Offert par Mme Viville, née Magnier 1862 », et les fonds baptismaux : qui consistent en une colonne avec son chapiteau, pièce du XIIe siècle provenant de l'église primitive.

Epitaphe dans la nouvelle église.

PAROISSE

SAINT-MARTIN DE BOHAIN

RECONNAISSANCE

AUX BIENFAITEURS DE CETTE EGLISE

DÉDIÉE A N.-D. DE LOURDES

LES FAMILLES **MABILLE-MALÉZIEUX**

ET **SAURET-ROBERT**

LES CURÉS-DOYENS

ROCHARD ET **DEBIONNE**

ET TOUS LES GÉNÉREUX DONATEURS

LA PREMIÈRE PIERRE

a été bénite et posée solennellement

le 13 Novembre 1910 en présence de

M. **LOTTEAU**, maire de Bohain

MM. **LONGUET** et **BOSSUAT**, adjoints

M. l'abbé **DABANCOURT**, curé-doyen

M. **MALGRAS**, architecte

M. **HUN**, entrepreneur.

GRAVÉ PAR DEBRAY A BOHAIN

ARCHIES

Ce nom ne désigne plus aujourd'hui qu'une ferme, des étangs et bois sur le terroir de Bohain. C'était un hameau autrefois qui au commencement du XIIe siècle appartenait à l'abbaye de Vicogne près Valenciennes qui y établit une prévôté conventuelle. Des contestations s'étant élevées entre cette maison religieuse et le comte de Hainaut en 1177, ce dernier, pour se venger, ravagea la terre d'Archies et causa aux moines un dommage estimé 1.000 livres, somme alors considérable. Vingt ans plus tard, les seigneurs de Bohain qui voyaient cet établissement de mauvais œil, suscitèrent aux moines toutes sortes de tracasseries ; mais l'un des frères résolut d'y mettre un terme. Dans ce but il arma quatorze convers qu'il avait avec lui et fit à leur tête le tour des domaines de sa maison bien résolu à repousser la force par la force. Le seigneur furieux de voir de pauvres moines essayer de lui résister, fondit sur eux la lance au poing à la tête de gens armés ; mais au moment où les deux troupes allaient en venir aux mains, le moine se mit à haranguer l'ennemi et parvint à le persuader de se retirer ; l'affaire s'arrangea ensuite pacifiquement. Ce hameau passa plus tard aux religieux de Vermand, et fut détruit, paraît-il, dans les guerres du XVe siècle.

www.ingramcontent.com/pod-product-compliance
Lightning Source LLC
La Vergne TN
LVHW020310230826
846091LV00006B/2621

* 9 7 8 2 0 1 2 8 6 7 8 2 6 *